LES ÉCOLES D'ART A TOULON

1640-1887

JEAN-BAPTISTE DE LA ROSE

PEINTRE DU ROI

LA BASTIDE DE PIERRE PUGET

A OLLIOULES

PAR

M. CH. GINOUX

MEMBRE DE L'ACADÉMIE DU VAR

PARIS

TYPOGRAPHIE DE E. PLON, NOURRIT ET Cie

RUE GARANCIÈRE, 8

1887

LES ÉCOLES D'ART A TOULON
1640-1887

JEAN-BAPTISTE DE LA ROSE
PEINTRE DU ROI

LA BASTIDE DE PIERRE PUGET
A OLLIOULLES

Le premier de ces trois mémoires à été lu à la réunion des Sociétés des Beaux-Arts des départements, à la Sorbonne, dans la séance du mardi 31 mai 1887, et les deux autres, dans celle du vendredi 3 juin.

LES ÉCOLES D'ART A TOULON

1640-1887

JEAN-BAPTISTE DE LA ROSE

PEINTRE DU ROI

LA BASTIDE DE PIERRE PUGET

A OLLIOULES

PAR

M. CH. GINOUX

MEMBRE DE L'ACADÉMIE DU VAR

PARIS

TYPOGRAPHIE DE E. PLON, NOURRIT ET Cie

8, RUE GARANCIÈRE

1887

LES

ÉCOLES D'ART A TOULON

(1640-1887.)

En France, les écoles d'art proprement dites ne datent pas de bien
loin. Simon Vouet en fut le précurseur en créant, en 1628, une
école de peinture, d'où sortirent plusieurs de nos plus grands
maîtres. Vingt ans après, en 1648, Louis XIV fonda l' « Académie
royale de peinture et de sculpture », et institua, en 1665, l' « École
française de Rome ». Quant aux Académies de Beaux-Arts et aux
écoles municipales de dessin de province, ce ne fut que vers le
milieu du siècle suivant qu'on commença à les établir. Pendant le
moyen âge et la Renaissance, l'éducation artistique se donnait dans
l'atelier particulier des maîtres peintres, sculpteurs ou architectes;
c'est-à-dire que ces maîtres recevaient en apprentissage, pour un
temps plus ou moins long et à des conditions différentes, des jeunes
gens auxquels ils avaient reconnu de l'aptitude pour la carrière des
arts. Le maître se chargeait d'élever et d'instruire dans sa profes-
sion son apprenti. Quelquefois, il s'engageait à le nourrir, vêtir et
loger, et même à le faire soigner, en cas de maladie. Ordinairement, les engagements pris de part et d'autre étaient consignés
dans un acte notarié. Les ateliers, écoles privées, dont le nombre
des élèves ou apprentis se trouvait nécessairement très-restreint,
étaient assez répandus ; car, alors, même les petites villes centra-
lisaient les travaux d'art des localités voisines moins importantes.
Vers la fin du moyen âge, bien que, d'après le cadastre de 1442,
sa population ne fût que de cinq à six mille âmes, Toulon a pu être
du nombre de ces villes. Il n'y aurait rien de surprenant à ce qu'il
en ait été ainsi, puisque, outre la décoration des édifices publics et

privés, celle des navires offrait dès cette époque une source de travaux aux sculpteurs et aux peintres. Toujours est-il que, dans le commencement du quinzième siècle, cette petite cité possédait un artiste de valeur, qu'elle avait vu naître, et qui, probablement, avait dû se former chez un sculpteur y résidant. Cet artiste est le maître sculpteur sur bois Jean Flamenq, qui, en 1426, décorait, de concert avec Antoine Gervaut, la belle église de Saint-Maximin (Var)[1]. Un autre sculpteur toulonnais, du nom de Jean Guiramand, exécutait, en 1518, des travaux de sculpture sur pierre et de peinture sur bois pour l'église de la Sainte-Baume (Var)[2]. Il se trouvait à Aix en 1520, année où il s'associa avec Raymond Bellin, menuisier de Marseille, pour la « fabrication de tous cadres de retables » à faire dans cette dernière ville[3].

Dans le seizième siècle, nous trouvons d'autres artistes appartenant à Toulon par leur naissance ou leurs travaux. Les Archives communales témoignent de la présence dans cette ville, pendant la première moitié du siècle suivant, des architectes Bourgarel, Bon-

---

[1] La plus belle église gothique de la Provence, terminée vers la fin du quinzième siècle.

Dans un acte du 16 août 1426, il est dit : « ...ante operatorium ubi corus construebatur dicti conventus, presentibus Johanne Presic curato dicte ecclesie, magistro Johanne Flamenqui (*lire* Jean, fils de Flamenq), ligni fabro, habitatore de Tholono... » — Voy. *Histoire du Couvent Royal de Saint-Maximin*, p. 172 et suiv., et p. 45 du *Supplément*, par l'abbé J. H. ALBANÈS; *Bulletin de la Société d'études de la ville de Draguignan*, t. XI, année 1876-1877.

Le nom de Flamenq se rencontre dans les anciennes archives de Toulon; on y trouve plusieurs consuls de ce nom, qui, aujourd'hui, est encore porté par quelques familles. Dans un acte public de 1402, on trouve un Bertrand Flamenc, chef de famille notable. Dans le cadastre de 1442, on voit un autre Flamenc, du prénom de Salvayre, possédant maison.

Il est à remarquer que, en 1678, ce fut le sculpteur J. Licautaud, travaillant à Toulon, dans l'atelier particulier de Puget, dont il était l'élève et l'ami, qui fut chargé de refaire la décoration du chœur de Saint-Maximin, décoration qui révèle que ledit Licautaud était un excellent artiste.

[2] *Ouvrage cité*, pièce justificative n° 54.

Un autre Guiramand sculptait, en 1692, dans l'arsenal du Roi, à Toulon.

[3] Voy. *Documents inédits sur divers artistes inconnus*, par M. le docteur BARTHÉLEMY : *Bulletin archéologique du Comité des travaux historiques et scientifiques*, année 1885.

On sait que les cadres des retables étaient composés d'architecture, d'ornements, et quelquefois de figures; le tout peint et doré.

Si l'on dépouillait les registres des notaires de Toulon, antérieurs au seizième siècle, il est probable qu'on y découvrirait d'autres noms d'artistes toulonnais.

nefont, Rollet, B. Gombert; des sculpteurs Garcin, Jean et Louis
Caravaque, Gaspard et Pierre Puget, Mellon, Arnaud, Levray; des
peintres La Chapelle, Laure, Jean-Jacques Bernier, de la Rose, etc.
Dans la seconde moitié du même siècle, le nombre des artistes y
devint considérable; le nom de Puget[1] et les superbes et nombreux travaux d'art que l'État et même la ville faisaient exécuter,
y attirèrent, plus que jamais, non-seulement de la Provence, mais
aussi des divers points de la France, des sculpteurs, des peintres et
des architectes. Malgré cette affluence d'artistes, et les incitations
venues de Paris pour la création de cours de dessin dans les grandes
villes et les centres d'industrie artistique, on ne rencontre aux deux
derniers siècles aucune école municipale d'art à Toulon. Les seules
traces connues d'écoles de ce genre sont la fondation, en 1725,
d'une Académie de musique, qui n'eut que deux ans et demie de
durée[2], et la tentative faite, en 1786, auprès des Consuls, par les
trois meilleurs peintres de la ville, artistes d'un réel mérite, pour
l'établissement d'une Académie de peinture; tentative qui échoua
par suite des conditions inacceptables que ces trois peintres avaient
posées en vue de la création de cette Académie[3].

On trouvera dans les pages qui vont suivre l'explication de
l'absence jusqu'à notre siècle de toute institution municipale rela-
tive à l'enseignement des arts plastiques dans la ville adoptive de
Puget.

ÉCOLES DE LA MARINE

Dans les deux derniers siècles, les seules et véritables écoles où
l'enseignement des arts du dessin ait été donné furent les ateliers
de sculpture et de peinture du port, qui n'ont pris fin qu'après

---

[1] Pierre Puget a vécu à Toulon pendant près de trente ans, de 1644 à 1660,
et de 1668 à 1681. Pendant ces deux périodes, il ne fit que quelques absences
de peu de durée. Dans l'intervalle de 1660 à 1668, il séjourna à Gênes. De la
Rose, peintre d'un grand mérite, a également passé la plus grande partie de sa
vie d'artiste à Toulon.

Pendant le dix-septième siècle, Toulon avait des relations commerciales avec
l'Italie et le Levant. Comme il en résultait un incessant renouvellement de
départs et d'arrivées de navires, beaucoup d'artistes, se rendant à Rome ou en
revenant, ont pu s'arrêter à Toulon.

[2] Arch. comm., série BB. 12, *Livre Vert*, p. 180.

[3] Arch. comm., série BB., art. 29.

plus de deux cents ans d'existence. On peut faire remonter à 1640 la création de ces écoles, puisque, en cette année, d'après la correspondance de l'intendant d'Infreville, Nicolas Levray, sculpteur de mérite, et entendu en architecture, était « au service du Roi » dans l'arsenal maritime [1].

Ces deux ateliers-écoles, auxquels le peintre Jean-Baptiste de la Rose (premier du nom) et Pierre Puget donnèrent, plus tard, une forte impulsion, et d'où sortirent une foule d'artistes méridionaux, ont de tout temps été ouverts aux apprentis des autres ateliers de la marine [2], et même aux enfants de la ville [3]. Et c'était une excellente mesure que celle de laisser libre l'accès de ces écoles, car, en rendant plus nombreux les élèves, et, par suite, les candidats à l'apprentissage, non-seulement elle facilitait le recrutement des apprentis, mais encore elle permettait, dans leur choix, de faire entrer en ligne de compte l'instruction littéraire de chacun d'eux.

Dans les ateliers de sculpture et de peinture, un maître ou un « sous-maître » était chargé de donner les leçons de dessin ou de modelage aux élèves et aux apprentis peintres ou sculpteurs. Une grande émulation régnait au milieu de ces jeunes gens, chez les élèves surtout ; car c'était parmi ces derniers qu'étaient choisis les « garçons » ou apprentis ; et les élèves passés apprentis, quoique relativement nombreux, étant toujours de beaucoup inférieurs en nombre aux autres élèves restants, ces derniers se voyaient dans l'obligation de prendre, souvent bien à regret, d'autres carrières. Ce qui augmentait encore cette émulation, c'était la paye, proportionnelle à leur âge et à leur capacité, que touchaient lesdits gar-

[1] Voy. V. Brun, commissaire général de la marine, *Notice sur la sculpture navale*, p. 77 du *Bulletin de l'Académie du Var* (1860-61). — Lagrange, *Pierre Puget*, p. 104.

[2] Voy. V. Brun, *ouvrage cité*, p. 132.

[3] Le 9 novembre 1835, sur une simple demande verbale, nous obtînmes de MM. Dubès, maître sculpteur, Jauffre, ingénieur chargé de l'atelier de sculpture, et Bonnard, ingénieur en chef, l'autorisation de dessiner dans cet atelier.

Bien que de nationalité étrangère, le jeune Ravelli, devenu plus tard célèbre à Rome, avait été autorisé, sur la demande du payeur général, comte Littardi (un allié, par sa femme, des Sauli de Gênes), à étudier la sculpture dans le même atelier. Il s'y trouvait en 1835, en même temps que nous.

Le peintre Cordouan, ainsi que d'autres jeunes artistes, avaient précédemment obtenu la même faveur.

çons sculpteurs ou peintres[1], dont les services pour la retraite comptaient dès l'âge de quatorze ou quinze ans[2].

En 1724, Alexandre de la Rose, alors sous-maître peintre entretenu, donnait les leçons de dessin dans l'atelier de peinture ; et lorsque, la même année, il partit pour aller se perfectionner à Rome, ce fut son père, Jean-Baptiste (deuxième du nom), maître peintre entretenu de cet atelier, qui le remplaça dans sa fonction supplémentaire de professeur de dessin[3].

A la suite d'un règlement du 13 octobre 1683, des cours de dessin furent fondés à l'école des gardes de la marine[4]. Cette école, dont la création remonte à 1672, fut supprimée en 1793. Reconstituée plus tard, sous la dénomination d'école des élèves ou aspirants de marine, elle fut transférée, en 1824, dans un port de l'Océan. Un cours de dessin avait également été établi à l'école d'hydrographie ou de navigation, école instituée, au port de Toulon, en 1681, et que, dans une ordonnance de janvier 1639, Louis XIII avait déjà promis de créer[5].

En 1738, Joseph de la Rose, frère d'Alexandre, abandonna l'atelier de peinture lorsqu'il fut fait « maître à dessiner » à l'école des gardes de la marine[6]. Plus tard, en 1782, on nomma trois professeurs à cette école, pour exercer en même temps : Laurent Julien, qui s'y trouvait depuis plusieurs années, fut fait premier maître ; Favel obtint le grade de deuxième maître, et Barnouïn celui de troisième maître. L'école des gardes ou élèves de la marine ayant été supprimée en 1793, lorsqu'on la rétablit, ce fut de Clinchamp

---

[1] Devis de la main-d'œuvre pour les ouvrages de sculpture des vaisseaux, et conditions d'entreprises. — Page 7, art. 10. (Document ancien imprimé, en ma possession.) « L'entrepreneur employera un apprenti sur le nombre de cinq ouvriers, et le payera convenablement à son âge, et progressivement suivant la capacité qu'il acquerra. »

[2] Gaspard Doumet, maître peintre, né le 2 juin 1720, fut mis à la retraite le 1er avril 1789, « après cinquante-quatre ans de services ». Il avait donc quinze ans moins deux mois lorsqu'il fut porté sur les contrôles de l'atelier comme « apprenti appointé ».

En 1681, dans deux adjudications d'ouvrages de sculpture, on rencontre le nom de *Bernard Taureau* (dit, plus tard, B. Toro), qui, né en 1672, avait au plus dix ans. Si son nom se trouve avec d'autres noms d'ouvriers, c'est qu'il était apprenti.

[3] Voy. V. BRUN, *ouvrage cité*, p. 148.

[4] Voy. BRUN, *Documents sur la marine de Toulon*, p. 102.

[5] Voy. BRUN, *ouvrage cité*, p. 104.

[6] Voy. BRUN, *Notice sur la sculpture navale*, p. 148.

qui obtint, au concours, la place de professeur de dessin, poste qu'il conserva jusqu'en 1824, année du transfert de cette école dans un autre port. En 1775, Gilbert, maître sculpteur entretenu de l'arsenal, avait été chargé en outre d'enseigner le dessin à l'école d'hydrographie ou de navigation [1], où d'autres professeurs lui ont succédé jusqu'à nos jours [2].

Par une ordonnance du 13 novembre 1822, il fut créé une école d'artillerie de marine au port de Toulon. Un professeur de dessin (?) et de fortification fut attaché à cet établissement. La salle de dessin était vaste et bien éclairée [3].

On ne fut jamais au dépourvu de bons professeurs dans les écoles d'art de la marine. Il en fut de même pour les modèles. En 1828, sous les maîtrises de Brun et de Hubac, le modèle vivant, ordinairement choisi parmi les galériens, posait encore dans une salle spéciale (dite l'Académie) de l'atelier de sculpture, où se trouvait une collection de *plâtres* moulés sur l'antique, et dont les murs étaient couverts de sculptures en bois, de ronde bosse et de bas-reliefs, de l'époque de Puget, et provenant des vaisseaux et des galères [4].

ÉCOLE DE LA VILLE

Nous n'avons vu nulle part que des cours de dessin aient existé dans le collège fondé en 1605 par la ville, et que dirigèrent de 1625 à 1789 les Pères de l'Oratoire. De 1789 à 1795, le palais épiscopal fut le siège de plusieurs établissements; le 4 septembre 1790, il fut occupé, à la suite d'un décret, par l'administration

---

[1] Voy. Brun, *ouvrage cité*, p. 108.

[2] Les premiers professeurs de dessin à l'école d'hydrographie, de même que ceux de l'école navale, nous sont inconnus. On trouvera plus loin les noms des artistes qui succédèrent à Gilbert dans les fonctions de professeur de dessin à l'école d'hydrographie.

[3] *L'Hermite toulonnais*, vol. in-16.

[4] Le modèle vivant avait été supprimé dans l'atelier de peinture.

On rencontre des dessins de figures nues, dites *académies*, remontant au dix-septième siècle; elles sont au crayon rouge de sanguine, et faites sous l'inspiration de Puget; ce qui se reconnaît au style. On n'a pu utiliser les galériens, comme modèles, qu'à partir de 1682, année où, d'après l'archiviste Henry, ils vinrent définitivement à Toulon. Avant cette date, le poste des galères se trouvait à Marseille.

départementale, qui y tint ses séances jusqu'au 17 décembre 1793. En 1803, la totalité de ce bâtiment fut cédée à la ville par le gouvernement, et, la même année, le sous-préfet s'installa avec ses bureaux dans une partie de l'édifice, où se trouvait établie, depuis 1795, l'École centrale, substituée à l'ancien collége, situé, dès 1635, sur l'emplacement occupé par le palais de justice actuel. En 1810, l'Université, sur ses réclamations, obtint la propriété de l'ancien palais épiscopal occupé par le nouveau collége, qui, depuis quelques années, avait remplacé l'École centrale[1].

Laurent Julien, ancien premier maître de dessin à l'École des gardes de la marine, supprimée en 1793, a été professeur à l'École centrale, puis au collége, malgré le peu d'importance de ce dernier établissement renaissant, qui, en 1808, n'avait encore que six classes, de la sixième à la rhétorique inclusivement, ces six classes étant faites par deux professeurs et le directeur. A Julien succéda Seymat, qui, peu après, fut remplacé par Leydet. A son tour, ce dernier abandonna son emploi pour occuper un poste plus avantageux. On dit que, en 1854, il était, quoique très-âgé, professeur de dessin au lycée de Nantes. Comme on voit, les professeurs d'art n'exerçaient pas longtemps au collége ; le dessin étant facultatif, les élèves s'y trouvaient en si petit nombre que la somme d'un franc par mois, exigée de chaque élève pour cette étude, ne compensant pas suffisamment le temps donné par le professeur, l'emploi de maître de dessin était bien vite délaissé. En 1822, la direction des cours de dessin fut confiée à Pierre Létuaire, qui a occupé sa chaire pendant quarante-cinq ans, c'est-à-dire jusqu'en 1867, année où il prit sa retraite, et où le collége fut érigé en lycée.

La salle de dessin du collége communal était ornée de quelques tableaux et dessins de maîtres. En 1850, on y voyait, entre autres œuvres d'art, deux grandes aquarelles représentant l'intérieur de Saint-Pierre de Rome et le Vésuve en éruption ; deux grands dessins, à la plume et lavés, où se trouvait un grand nombre de personnages, et attribués, à tort, croyons-nous, à P. Puget ; deux tableaux d'architecture, peints à l'huile ; un grand tableau de

---

[1] Voy. *Promenades dans Toulon*, par H. Vienne, ancien archiviste de la ville. Vol. in-18, année 1840.

marine signé de la Rose, etc. On y trouvait aussi une petite collection de figures en plâtre.

En 1835, M. Curel, à la fois littérateur et dessinateur, fonda une école primaire supérieure municipale, dont il fut nommé le directeur. La même année, il établit dans cette école, située dans une maison particulière de la rue Lafayette, des cours de dessin, et, en 1845, un cours pour les adultes. Au commencement, les classes de dessin furent dirigées par M. Curel, de concert avec Létuaire. Ce ne fut que quelques années plus tard que ce dernier devint maître titulaire des cours de dessin des écoles primaires municipales. En 1867, après que Létuaire eut pris sa retraite, le poste de professeur titulaire de ces cours fut occupé par Décoreis, adjoint à professeur depuis plusieurs années. Vers 1876, l'enseignement du dessin fut organisé dans les écoles primaires des faubourgs ; M. Bonny, professeur adjoint depuis un certain temps aux écoles de la ville, fut chargé de cet enseignement dans les classes de garçons, et mesdemoiselles Alexandrine G... et Aglaé R... dans celles des filles.

En 1858, une Académie de dessin avait été fondée par quelques artistes et amateurs réunis en société. Au moyen de cotisations versées par les membres de l'association, parmi lesquels se trouvaient quelques officiers et un ingénieur de marine, il fut possible de faire face aux dépenses d'entretien du modèle vivant qui posait tous les jours dans une mansarde de l'ancien musée. Ce local étant devenu insuffisant, l'Académie fut transférée dans une salle de la Fonderie, que l'Administration maritime avait, à titre gracieux, mise à la disposition des sociétaires. Des dissensions étant survenues entre les membres fondateurs, quelques-uns se retirèrent. Ils furent bientôt suivis de plusieurs officiers, membres fréquentants, appelés à naviguer par le tour d'embarquement. Par suite de cette désertion, les cotisations des membres restants étant devenues insuffisantes pour subvenir à tous les frais, ladite Académie prit fin, après environ un an et demi d'existence.

Sous le ministère Duruy, en 1868, il fut créé des cours d'enseignement secondaire, destinés à compléter les études de la jeune fille. Parmi les matières du programme se trouvait le dessin d'imitation et d'ornement. L'inauguration de ces cours, à Toulon, eut lieu le 28 février 1868, dans une salle du Musée, sous la présidence du recteur de l'Académie. Parmi la nombreuse assistance, on remarquait le préfet maritime, le préfet du Var, les autorités civiles de la ville, etc.[1]. Le cours de dessin, dirigé par le professeur du lycée, fut suivi avec autant d'assiduité que les autres cours, également faits par des professeurs de cet établissement. Au bout de deux ans environ, le nouvel enseignement fut arrêté par les circonstances que l'on connaît.

Une commission municipale des Beaux-Arts, nommée en 1861, demanda, l'année suivante, à la suite de la séance du 18 avril, et après élaboration de programmes, la création d'une école de dessin analogue à celles depuis longtemps fondées dans la plupart de nos grandes villes. La même question fut mise à l'ordre du jour le 25 du même mois. Dans une réunion du 19 octobre 1864, on revint sur la nécessité de créer une école de dessin, mais, comme précédemment, les démarches faites n'aboutirent pas. La commission autorisa alors l'ouverture, le soir, de cours gratuits de dessin pour les ouvriers ; mais ces cours, faits par un peintre non salarié, n'eurent qu'une courte durée, bien qu'après une visite faite à ces cours, la même commission eût, dans sa réunion du 19 janvier 1865, exprimé que lesdits cours pourraient contribuer à la fondation d'une école municipale gratuite de dessin, analogue à celle qui déjà avait été l'objet de ses délibérations. Dans la séance qui eut lieu le 17 juin 1865, la commission des Beaux-Arts s'occupa de l'établissement d'une « École de Beaux-Arts », pareille création entrant dans le plan général des institutions dont le maire (M. Audemar) désirait voir doter la ville de Toulon[2]. C'est tout ce qui sortit des nombreuses réunions tenues par cette commission officielle, c'est-à-dire qu'il n'en résulta que de bonnes intentions, le Conseil municipal étant, paraît-il, resté sourd à toutes ses propositions.

Une Société, dite des Beaux-Arts, fut fondée le 15 novembre 1872. Un vaste local, situé dans la rue de la Comédie, fut pris en

---

[1] *Allocution prononcée par M. le Recteur.* (Aix, 1868. 8 p. — Extrait du *Journal de Toulon.*)

[2] Arch. comm., série R. de l'inventaire supplémentaire. Grand in-folio (registre) de 128 pages, dans lequel se trouvent les minutes des délibérations et rapports de la Commission municipale des Beaux-Arts ayant fonctionné de janvier 1862 jusqu'au milieu de 1868.

location. Sur l'initiative de son fondateur et président, M. Mathieu, officier d'administration de la marine, à la fois poëte et musicien, des cours de dessin et de musique furent organisés, et confiés à des artistes capables et désintéressés. Des séances musicales eurent lieu hebdomadairement, et quelques concerts, auxquels assistaient de droit les familles des souscripteurs, y furent donnés. Un an et demi après sa fondation, le 1er juin 1874 (sous un nouveau président), la Société des Beaux-Arts ferma ses portes ; et, le 20 juin de la même année, tout le mobilier fut vendu au profit des pauvres [1].

Peu après, plusieurs jeunes artistes et amateurs formèrent une association, sous le titre d'Atelier des Beaux-Arts, dans le but de dessiner. Au moyen de cotisations versées par les membres fondateurs, les membres honoraires et les membres fréquentants, cette institution a pu se maintenir et prospérer.

CONCLUSION.

Les cours de dessin créés, en 1835, par M. Curel, dans les écoles primaires, et que M. Létuaire avait été chargé de diriger, subsistent toujours ; et, en outre, un grand développement a été donné à l'enseignement du dessin dans la nouvelle école *Rouvière*, école primaire supérieure. Parallèlement à ces cours, d'autres cours d'art, publics et gratuits, ont lieu, le soir, pendant la saison d'hiver, à l'Atelier des Beaux-Arts, dont il vient d'être parlé, et qui depuis deux ans reçoit des subsides de l'État, la ville contribuant à cette fondation par la fourniture du local et du luminaire. M. Bonny, professeur de dessin au lycée, a été un des fondateurs de ces derniers cours, qu'il dirige aujourd'hui.

De toutes les écoles de dessin créées par la marine, une seule, celle située dans la ville, dans les anciens bâtiments de la « Fonderie royale », a survécu de quelques années seulement à l'atelier-école de sculpture, dernier refuge des arts dans le port ; elle a été supprimée en 1876, année où le professeur a été mis à la retraite, par suite de la limite d'âge.

Il y a une soixantaine d'années, l' « école de dessin de la Fon-

[1] Extrait des documents communiqués par le président Mathieu.

derie » était très-suivie ; il suffisait pour y être admis d'être apprenti dans l'arsenal ou d'avoir un lien quelconque de parenté avec un employé de la marine ; elle était, par conséquent, ouverte à presque tous les enfants de la ville. Ce qui n'empêchait pas les ateliers-écoles privés, tenus par des peintres, d'être très-fréquentés par la jeunesse.

Si depuis quelque temps il n'en est plus ainsi, c'est qu'au commencement de notre siècle, le souffle de Puget et l'auréole de gloire de son école, école alors encore dignement représentée par l'atelier, plus que bicentenaire, de sculpture du port, entretenaient l'amour des arts parmi les Toulonnais, tandis que de nos jours, le grand sculpteur et son école s'effacent de plus en plus du souvenir de la plupart d'entre eux, et, par suite, la fibre artistique de notre jeune génération ne vibre que très-faiblement. Cet abandon des études d'art, après la sortie de l'école secondaire ou primaire, est très-regrettable, surtout au point de vue des industries artistiques [1].

TABLE CHRONOLOGIQUE DES PROFESSEURS D'ART

ÉCOLES DE LA MARINE

Atelier de la sculpture.

1640-1668. LEVRAY (Nicolas).
1668-1679. PUGET (Pierre), ROMBAUD-LANGUENU et TURREAU (Pierre) [2].
1679-1686. ROMBAUD-LANGUENU.
1686-1689. VEYRIER (Christophe).
1689-1718. ROMBAUD-LANGUENU.
1718-1731. TURREAU (Bernard), dit TORO

[1] Le goût des ornements en fer forgé s'est conservé à Toulon. On y trouve, outre plusieurs ateliers où se font des travaux de serrurerie d'art, des établissements où s'exécutent des sculptures sur bois, sur marbre, et des peintures décoratives. Il y a aussi plusieurs fonderies et quelques fabriques de meubles riches.

[2] Depuis Puget, tous les maîtres sculpteurs ou peintres, nommés par le Roi, ont été *entretenus,* c'est-à-dire dans une position stable. Sous la maîtrise de Puget, il y eut en même temps trois maîtres entretenus, Puget étant maître en chef, avec une paye trois fois aussi forte que celle de chacun des deux autres maîtres. Les maîtres entretenus étaient ordinairement appelés « sculpteurs ou peintres du Roi ». Après 1789, ils ne prirent plus que le titre de maître sculpteur de la marine.

1731-1760. Maucord (Jean-Lange), dit Lange.
1760-1789. Gibert.
1789-1792. Michel (Joseph).
1792-1831. Brun (Félix) et Hubac, 1820-1830.
1831-1845. Dubès.
1845-1872. Bonnifay.

Atelier de la peinture.

1663-1687. De la Rose (Jean-Baptiste, *premier*).
1687-1738. De la Rose (Pascal).
1738-1740. De la Rose (Jean-Baptiste, *second*).
1740-1760. Lhermitte.
1760-1767. Arnaud.
1767-1789. Doumet (Gaspard).
1789-1792. Michel.
1792-1831. Marquisan.
1831-1842. Brun (François).
1842-1844. Garnier.

École des gardes ou élèves de marine.

1683-1738 ... (Les professeurs nous sont inconnus.)
1738-   . De la Rose (Joseph-Antoine).
1778-1793. Julien (Laurent).
1782-1793. Favel et Barnouïn (avec Julien comme premier maitre).
1793-1814. ... (L'école est supprimée.)
1814-1824. Clinchamp (Victor de). (En 1824, l'école fut transférée
dans un autre port.)

École d'hydrographie ou de navigation.

1681-1775. ... (Les professeurs nous sont inconnus.)
1775-1789. Gibert.
1789-1816. Bertulus (Évariste).
1816-1848. Sénéquier.
1848-1876. Cauvin.

ÉCOLES DE LA VILLE.

École centrale, Collége et Lycée.

1795-18 . Julien (Laurent), professeur à l'École centrale, puis au
collége.
18 -18 . Seymat, professeur au collége.

18 -18 . Leydet, professeur au collége.
1822-1867. Létuaire, professeur au collége.
1854-1885. Ginoux.
1878-1887. Guipon.
1885-1887. Bonny.

Cours d'enseignement secondaire des filles.

1868-1870. Ginoux.
1885-1887. Bonny.

Écoles primaires.

1835-1867. Létuaire.
1867-1887. Décoreis.
1869-1885. Bonny.
1876-1887. Alexandrine B... (madame), née G...
1877-1887. Aglaé R... (mademoiselle).
1885-1887. Jolly.

JEAN-BAPTISTE DE LA ROSE

PEINTRE DU ROI A L'ARSENAL DE TOULON

Parmi les anciens artistes provençaux, il en est un dont on ne saurait trop s'occuper, car il réunit à la variété et à la profondeur de ses connaissances artistiques un caractère élevé. Cet artiste, que ses qualités du cœur et de l'esprit durent rendre cher à ceux qui l'approchèrent, est Jean-Baptiste De la Rose, premier du nom, sur lequel une notice biographique bien incomplète, écrite par M. Porte, d'après les notes du P. Bougerel [1], et communiquée par M. le Dr Pons, a paru dans le tome VI, p. 227-232, des *Archives de l'Art français*.

D'après les renseignements laissés par Bougerel, Jean-Baptiste De la Rose naquit à Marseille en 1612, et mourut à Toulon le 20 février 1687. Cette dernière date n'est pas exacte, d'après son acte de décès dont voici un extrait : « Sr Jean-Baptiste De la Rose, peintre, est décédé, muni des sacrements, le cinq, a été enseveli le 6 février 1687 à la paroisse, les témoins requis ont signé,

« A. Icart ; Germain ; Dalmas, prêtre [2]. »

Bougerel parle ainsi de l'enfance de notre artiste :

« Son père, prénommé Jean, était Parisien. Il avait quitté la capitale, pendant les guerres de la Ligue, pour aller habiter Marseille, où il se maria, en 1612, avec Marguerite Crivelli, de laquelle

---

[1] Joseph Bougerel, prêtre de l'Oratoire d'Aix, né en 1680, mort à Paris en 1753. Il a écrit une *Vie de Gassendi* et des *Mémoires pour servir à l'histoire des hommes illustres de la Provence*.

M. Porte, mari d'une demoiselle de la famille Bougerel, possédait, par héritage, les manuscrits, aujourd'hui dispersés, du Père Bougerel.

[2] Arch. comm., série GG. 79, registre.

il eut Jean-Baptiste, qui fut son seul enfant. Jean-Baptiste était fort jeune lorsqu'il perdit son père et sa mère [1]. Heureusement qu'il restait à ce pauvre garçon une tante, sœur de sa mère, qui l'accueillit comme son propre fils et lui fit apprendre le dessin, pour, plus tard, le placer chez un orfèvre; mais Jean-Baptiste, qui se sentait une vocation particulière pour la peinture, préféra s'adonner à ce dernier art. Cependant notre élève peintre, changeant de résolution, s'engagea, comme volontaire, dans l'armée française, lorsque la guerre eut éclaté entre Louis XIII et le duc de Savoie. Il fut blessé à la cuisse, au siége de Casal (1630). A peine guéri, notre jeune volontaire (il avait au plus dix-huit ans) se rendit à Rome, où il admira les chefs-d'œuvre de la sculpture, mais plus particulièrement ceux de la peinture. Cette préférence le porta à copier plusieurs des tableaux les plus estimés de la patrie des arts. Il ne tarda pas à prendre le chemin de la France. En traversant les montagnes du Piémont, il fut attaqué par des bandits qui ne lui laissèrent que sa chemise. Ne connaissant personne dans cette contrée, De la Rose fut près d'y mourir de misère et de faim. Heureusement que, malgré ses souffrances, il parvint à gagner la frontière, où il fut accueilli par un curé de sa connaissance, qui pourvut à ses besoins. Après avoir reçu les soins les plus affectueux de cet ecclésiastique, il put continuer son chemin, et revoir Marseille, sa ville natale. Ayant repris ses pinceaux, il exécuta quelques tableaux, soit dans cette ville, soit à la Ciotat. A Marseille, se trouvant logé sur le port, la vue continuelle de la mer et des effets de soleil qui s'y produisaient le poussèrent à peindre des marines; et, après des études sérieuses, ses tableaux dans ce genre obtinrent du succès. »

Nous ne saurions suivre plus loin le P. Bougerel sans parler du séjour à Toulon, dès 1646, de De la Rose, alors âgé de trente-quatre ans; séjour que semble avoir ignoré cet écrivain. En cette année 1646, notre artiste dirigea les travaux de décoration du vaisseau *le Saint-Philippe,* travaux qui coûtèrent 20,000 livres, somme importante pour ce temps; il dirigea aussi, vers la même époque, l'ornementation d'un autre vaisseau appelé *la Thérèse.*

---

[1] Dans le répertoire de l'état civil de 1668 (Toulon), on trouve un Jean De la Rose décédé en cette année, lequel ne peut être qu'un des fils de Jean-Baptiste.

Le sculpteur Levray, qui venait de terminer, sous la direction de Puget, les ornements du vaisseau *la Reine*, prit part, en association avec De la Rose, aux travaux du *Saint-Philippe*, et fit toutes les sculptures du *Brézé*[1]. En 1647, De la Rose exécuta pour le maître-autel de l'église Saint-Probace, de Tourves (Var)[2], un tableau dont voici une description succincte : dans le haut, la Vierge, assise sur des nuages et tenant son divin Enfant, est couronnée par deux chérubins. Au-dessus, plane le Saint-Esprit, sous la forme d'une colombe. Dans le bas, à gauche, saint Probace présente à la Vierge une croix ; à droite, on voit deux personnages, dont un évêque, qui est, dit-on, Mgr Gault, évêque de Marseille. Ce tableau, dont la hauteur est de 2ᵐ,40 et la largeur de 2ᵐ,6, porte l'inscription suivante : *De la Rose pinxit,* 1647, et se distingue par la composition et le dessin. A partir de l'année 1646, on perd la trace, à Toulon, de ce peintre ; jusqu'à ce jour, aucun document ne nous a signalé sa présence dans cette ville avant 1663, où nous le retrouvons. Il faut attribuer son absence, si absence il y a eu, à l'arrêt des constructions et au désarmement des vaisseaux qu'amenèrent les discordes de la minorité de Louis XIV (1648-1651) ; circonstance qui dut l'obliger, comme Levray et Puget, à se livrer à des travaux d'un autre ordre. Tous les genres de peinture lui étant familiers, De la Rose a pu peindre des marines, des paysages, des décorations d'édifices, des tableaux de religion. On dit que plusieurs églises des environs de Toulon possèdent ou ont possédé des toiles de cet artiste.

Mais revenons à Bougerel. Il raconte que, lors de l'arrivée de Louis XIV à Marseille (1660), le cardinal Mazarin ayant entendu parler du mérite de De la Rose, alla, en compagnie de plusieurs seigneurs de la cour, visiter son atelier, et que, satisfait du talent du peintre, il en parla au Roi, qui lui fit commander un tableau

---

[1] Voy. V. BRUN, commissaire général de la marine, *Notice sur la sculpture navale : Bulletin de l'Académie du Var,* p. 77 et 146 (année 1860-61).

[2] « L'église de Saint-Probace fut achevée en 1644. La reconstruction en fut confiée à Barthélemy Gombert, de Toulon, par acte passé le 14 septembre 1643 » *Apostolat de saint Probace,* par l'abbé C. BLANC, grand vicaire de l'évêque de Fréjus et Toulon, vol. in-16, p. 151.

Le tableau de l'autel de l'Enfant Jésus, de la même église, a été fait par Bernier, nom d'un décorateur de vaisseaux à Toulon, en 1682-83. Au bas de la toile, se trouve écrit : BERNIER *pinxit,* 1644.

de grande dimension, dans lequel devaient être représentés, sur un côté, une partie du port, avec la Réale et plusieurs vaisseaux, et, sur l'autre côté, la citadelle, ainsi que les seigneurs de la cour. Ce tableau, envoyé à Paris, plut tellement à Mazarin, que ce cardinal le fit placer dans son appartement et engagea le Roi à en commander une répétition dans de plus grandes dimensions, afin de pouvoir y représenter une grande partie de la ville de Marseille. Les intendants des bâtiments du Roi demandèrent à Sa Majesté de faire venir De la Rose à Paris, pour travailler aux appartements du Louvre. Cette demande ayant été favorablement accueillie, il fut résolu de lui accorder le brevet de peintre du cabinet du Roi, et le chevalier de Clairville [1] se chargea de solliciter la somme nécessaire pour le voyage. Ce dernier fit part à De la Rose, dans une lettre écrite de Paris le 22 octobre 1660, de tous ces détails, mais la mort de Mazarin (16 mai 1661) détruisit le bel avenir réservé à l'artiste.

Ici, on peut se demander si c'est bien à Marseille que Mazarin visita l'atelier de De la Rose [2], car nous ne sommes pas loin de l'année 1663, année où notre peintre, ainsi que le sculpteur Levray, était placé à la tête des décorations navales au port de Toulon, et où il fut chargé de peindre le « portrait » de la galère *Capitane*, pour être présenté à Colbert [3].

En 1662, après le traité des Pyrénées (7 novembre 1659), qui termina une longue guerre, une impulsion nouvelle avait été donnée à la marine. Dans l'année 1667, cette impulsion fut décisive; un

---

[1] Le même chevalier de Clairville, sans doute, qui fut l'ennemi acharné des conceptions de Puget, lorsqu'il vint à Toulon pour l'agrandissement de l'arsenal (1668-1669).

[2] FABRE dit, dans son *Histoire de Marseille,* que Louis XIV arriva à Aix le 17 janvier 1660 ; que ce fut le 2 mars qu'il pénétra « en vainqueur » dans les murs de Marseille par une large brèche, et qu'il quitta cette ville le 8 mars. ROSTAN, dans sa *Notice sur l'église de Saint-Maximin,* fait arriver ce monarque dans cette petite ville le 4 février 1660, et l'y fait arrêter à nouveau quinze jours après, à son retour de Toulon, où, d'après les archives de cette dernière ville, il passa douze jours.

Son fils Pascal étant né à Toulon en 1665, Jean-Baptiste De la Rose a dû se marier au plus tard en cette année avec Anne Masure.

En 1666, dit O. TEISSIER, dans son livre intitulé : *les Rues de Toulon,* Jean-Baptiste De la Rose habitait la maison portant le n° 5 de la place Saint-Pierre.

[3] Lettre de l'intendant Laguette, écrite à Colbert le 12 juin 1663. — L. LAGRANGE, *Pierre Puget,* 2ᵉ édition, p. 105 et 107.

grand nombre de vaisseaux furent construits dans tous les ports. Cette même année, le *Royal-Louis,* le premier vaisseau de cent vingt canons, fut construit à Toulon, et, l'année suivante, on mit sur le chantier le *Dauphin-Royal.* Un concours ayant été ouvert pour l'ensemble des ouvrages de sculpture, peinture et dorure du *Royal-Louis,* De la Rose présenta des projets dessinés dont le devis de la sculpture seule s'élevait à 21,300 livres[1], tandis que Levray et Rombaud-Languenu n'estimèrent les leurs que 13,800 et 14,000 livres. Ces sommes étaient énormes pour l'époque, mais le vaisseau devait être magnifiquement orné et doré avec profusion, tant à l'avant qu'à l'arrière, tant dans les chambres que sur les côtés. Les dessins envoyés à Paris n'ayant pas plu à Colbert, le célèbre peintre Le Brun fut chargé par ce ministre de faire des dessins modèles pour la décoration (peinture et sculpture) des deux vaisseaux, et le sculpteur Girardon reçut la commission d'aller à Toulon pour les faire exécuter[2]. A la même époque, De la Rose, qui était connu pour son habileté, et qui, quelquefois, s'était chargé de diriger les ouvrages de sculpture et avait collaboré avec Puget à une collection de bâtiments de mer, pour être envoyée à Colbert, fut chargé de la direction de tous les travaux de peinture, avec le titre de maître peintre entretenu par le Roi[3]. Sa paye fut fixée à 1,200 livres par an, avec des suppléments, pensons-nous, pour les dessins-modèles, ainsi qu'il fut fait pour Pierre Puget, lorsque,

[1] On trouve, sous le n° 54, dans la collection des dessins du marquis de Chennevières, exposés au musée d'Alençon, un projet de décoration pour la salle du Conseil du *Royal-Louis.* Il est signé : DE LA ROZE. Ce projet ou dessin, exécuté au pinceau, tant les contours que les ombres lavées à l'encre de Chine, représente deux *Victoires* qui soutiennent un grand cadre central, au-dessous duquel le peintre a écrit : « Le tableau sera représenté de passage du Rein et à l'autre côté, la ville de Mon du côté de la Rague. » A gauche, séparé par un piédestal séparé en bas-reliefs (?), d'un trophée d'armes avec Mars et Hercule, les armes de France et le masque radieux et emblématique de Phébus, se voit un Mars debout, soutenant un autre cartel vide, mais sous lequel sont écrits ces mots : « Sera une conquaite », etc. — *Catalogue des dessins de la collection du marquis de Chennevières exposés au Musée d'Alençon.* — Paris, Poulet-Malassis, 1857, in-12, p. 33.

[2] Lettre de l'intendant d'Infreville à Colbert, du 24 juillet 1668. —Voy. V. BRUN, *ouvrage cité,* p. 145.

[3] Le titre de maître peintre entretenu l'obligeait de suivre et d'inspecter tous les travaux de peinture que la marine faisait exécuter.

Voy. *Décoration navale au port de Toulon : Bulletin de la Réunion des Sociétés des Beaux-Arts à la Sorbonne,* p. 354 et suiv. (année 1884).

l'année suivante, il entra dans l'arsenal comme maître sculpteur [1].

« Quoique l'inspection dont il était chargé (c'est Bougerel qui parle) occupât la majeure partie de son temps, De la Rose en trouvait toujours assez pour peindre des tableaux de marine, qu'on lui demandait de tous côtés; il en fit deux pour le duc de Beaufort, à la table duquel il était quelquefois admis; six pour le duc de Lesdiguières, dont quatre avaient douze pieds (3^m,88) de longueur sur huit pieds (2^m,59) de largeur. Il en peignit aussi pour MM. Colbert, Seignelay, d'Estrées, de Tourville, les cardinaux de Bouillon, de Vendôme, etc. »

A partir du moment où il fut fait maître peintre entretenu, outre les nombreux dessins de vaisseaux qu'il exécuta en collaboration avec Puget, De la Rose dressa, jusqu'à sa mort, les descriptions, modèles et devis, et fit les certificats de recette de tous les ouvrages de peinture qui furent exécutés dans les établissements de la marine et sur les vaisseaux. C'est ainsi que, entre autres, il donna, en 1683, les dessins et devis des peintures à exécuter au second étage de la Maison Royale, où se trouvaient le logement et les bureaux de l'intendant de la marine. Lors de l'adjudication, qui eut lieu le 26 novembre 1684, trois peintres, Harmitton, Vanloo et Louis Herpin, se disputèrent ce travail, qui resta à Louis Vanloo au prix de 105 livres, après avoir été soumissionné à 200 par Harmitton. Dans les registres de la marine, on trouve un devis pour la décoration du vaisseau *l'Ardent,* construit en 1680, armé en 1684 et monté par l'amiral Duquesne. Dans ce devis, se trouve un tableau de figures mesurant huit pieds (2^m,59) de long, sur six pieds (1^m,94) de haut, et devant être exécuté d'après un dessin « donné par le sieur De la Rose ». Ce tableau, qui était destiné à la grande chambre de l'amiral, devait être accompagné d'ornements et de paysages. La chambre particulière de Duquesne devait également recevoir des peintures d'après les dessins de De la Rose. L'entrepreneur de cette décoration, ainsi que du coloriage d'une partie des sculptures de l'arrière, fut Jean Vanloo, qui obtint, sans concur-

---

[1] L'important atelier de la sculpture occupait, en 1776, une partie des bâtiments du quai de l'Horloge. Depuis l'établissement, en 1825, du musée naval dans le local des sculpteurs, cet atelier a été déplacé plusieurs fois. Il en a été de même pour celui de la peinture, qui s'est trouvé longtemps dans un pavillon situé à l'extrémité dudit quai.

rence, ce travail au prix de 1,350 livres [1]. En 1686, De la Rose délivrait des certificats pour des payements de travaux de sculpture et de peinture à divers artistes, dont un pour le payement de 1,500 livres à Jean Vanloo et à ses associés, qui avaient peint le vaisseau *le Magnifique*. L'année suivante, De la Rose fit et signa un devis descriptif pour la décoration d'une salle de la Maison Royale. Cette décoration était d'une grande richesse ; elle comprenait un tableau d'histoire avec bordure ornée, pour le plafond ; des ornements divers et des paysages pour les parois, y compris les soubassements et les ébrasements des fenêtres. Cet ouvrage important, que plusieurs peintres se disputèrent encore, fut adjugé le 20 juillet 1687, après la mort de De la Rose, à Jean Vanloo, pour la minime somme de 200 livres ! Ce fut le fils de De la Rose, âgé seulement de vingt-deux ans, qui, après avoir succédé à son père dans la maîtrise de l'atelier de peinture, dirigea les travaux de cette décoration et en fit la recette.

Voici quelques faits qui prouvent en quelle estime on tenait notre peintre de vaisseaux, tant à Paris qu'en Provence. L'intendant de la marine Arnoul, à qui De la Rose avait raconté qu'il aurait fait fortune à Paris si, par ordre du Roi, on ne l'avait obligé de rester dans l'arsenal lorsqu'il avait demandé son congé, disait, en 1676, de cet artiste, qu'il « excellait dans sa manière » [2]. Le 9 janvier 1680, Louis Jullien, peintre de Toulon, fut commis d'office par M. le juge d'Ollioules pour procéder à l'estimation des tableaux trouvés dans la maison, située dans le haut de ce village, de François de Boyer, seigneur de Bandol, président à la Cour des comptes de Provence. Après l'inventaire de ces tableaux, terminé le 29 janvier de la même année, madame veuve de Boyer fit, le 1er août suivant, une déclaration signée de ceux qui se trouvaient dans son hôtel d'Aix. Parmi ces derniers, un *Naufrage* et une *Marine* de De la Rose avaient été donnés en provision à M. d'Hermitte pour 350 livres les deux, prix que n'atteignit, dans l'estimation en valeur, aucune des toiles, dont plusieurs étaient de peintres en renom, des deux collections [3]. Le célèbre

[1] Voy. V. BRUN, *ouvrage cité*, p. 146.
[2] *Ibid.*
[3] Voy. le *Rapport* de M. DE LABORDE au Comité historique. — *Bulletin*, t. III, p. 285.

peintre Le Brun écrivait de Paris, le 17 juillet 1682, à De la Rose :
« Il n'y a pas bien longtemps qu'étant avec le marquis de Seignelay, je vis un tableau que vous lui avez envoyé, que je trouvais très-
beau ; j'eusse bien souhaité qu'il en eût connu la beauté comme
moy, afin que la récompense eût suivi le mérite de l'ouvrage [1]. »
Une autre lettre atteste combien les tableaux de notre estimable
peintre étaient appréciés de de Troy, résidant à Toulouse. Cette
lettre, datée du 14 novembre 1686, est écrite par dom Lehoux,
Chartreux de cette ville, au sujet d'une marine que De la Rose lui
avait envoyée, et contient les passages suivants : « Il était juste que
j'attendisse longtemps ce précieux objet, mais il ne l'était pas
moins que, pour me le procurer, vous ménageassiez des moments
dont le public profite avec autant de plaisir que d'utilité ; M. de
Troy, peintre de cette ville, et qui vaut bien son frère [2], établi à
Paris, est venu lui-même tendre la toile sur le châssis, et, après
l'avoir longtemps examinée, il m'a demandé la permission d'y
revenir, ce que je lui ai accordé, d'autant plus volontiers qu'en lui
procurant cette satisfaction j'augmente ma reconnaissance pour les
belles choses qu'il m'a dites de votre tableau, etc. [3]. » Lorsque
Joseph Vernet vint à Toulon (1754), il se trouvait dans son *itiné-
raire*, dressé par de Marigny, cette instruction : « M. Vernet trouvera à Toulon, chez divers particuliers, plusieurs tableaux de
marine peints par le feu sieur De la Rose, peintre de la marine,
que l'on prétend avoir excellé dans ce genre de peinture, surtout
pour l'exactitude des proportions des vaisseaux et de l'établissement de leurs agrès [4]. »

Bougerel fait ainsi le portrait du peintre qui nous occupe : « De
la Rose avait une physionomie heureuse ; il était grand et maigre ;
on trouvait en lui la candeur et la simplicité de nos pères ; il était
naturellement silencieux et pensif ; il ne perdait aucun moment et
aimait la lecture ; doux, facile, complaisant, charitable, il était

---

[1] Extrait d'une lettre de Charles Le Brun, publié dans le t. VI des *Archives
de l'Art français*, p. 230.

[2] François de Troy fut reçu à l'Académie de Paris en 1674. Il y devint professeur, puis adjoint à recteur, et enfin directeur. Louis XIV et les grands
seigneurs l'occupèrent à peindre des portraits et des tableaux d'histoire.

[3] *Extrait des manuscrits de Bougerel*, par PORTE.

[4] Voy. le *Rapport* de M. DE LABORDE au Comité historique. — *Bulletin*,
t. III, p. 285.

aussi bon chrétien qu'excellent peintre. » Puis il ajoute : « De la Rose mourut à Toulon, à l'âge de soixante-quinze ans, d'une maladie de poitrine, le 20 (nous avons vu que ce fut le 5) février 1687 [1] ; il s'était marié deux fois et avait eu plusieurs enfants de ses mariages ; sa seconde femme, qui était de Marseille, s'appelait Anne Mazuri (lisez Mazure) ; Pascal De la Rose, qui succéda à son père dans son emploi, était né de son second mariage. »

FILIATION DES PEINTRES DE LA ROSE.

Les De la Rose, en ne comptant qu'à partir de 1663, année où le plus ancien des peintres de ce nom s'établit d'une manière définitive à Toulon, ont exercé leur art dans cette ville pendant plus d'un siècle.

PASCAL DE LA ROSE.

Pascal (fils de Jean-Baptiste, *premier*), né à Toulon en 1665, mort dans la même ville le 28 janvier 1745 [2], avait succédé, en 1687, à l'âge de vingt-deux ans, à son père dans l'emploi de maître peintre de la marine, et s'était marié, l'année suivante, avec Claire Sicard, d'Ollioules, près Toulon. Il termina quelques ouvrages de peinture que son père avait laissés inachevés. Pascal est connu pour celui des De la Rose qui, après son père, a eu le plus de talent dans son art.

JEAN-BAPTISTE DE LA ROSE.

Jean-Baptiste, deuxième (fils aîné de Pascal), né à Toulon, succéda, en 1737, à son père dans la maîtrise de l'atelier de peinture du port. Avant d'être nommé maître, il avait plusieurs fois concouru aux adjudications d'ouvrages de peinture pour les vaisseaux. Il figure sur les registres du port de 1720 pour un payement de travaux faits en association, et y est qualifié de « peintre de cette ville ». En 1724, alors qu'il n'était que second maître, il offrit de donner les leçons de dessin aux élèves et apprentis de l'atelier, en remplacement de son fils, qui devait se rendre à Rome.

---

[1] Voy. ci-dessus, p. 303, son acte de décès.

[2] « Sieur Pascal De la Rose, maître peintre entretenu du Roy au département de Toulon, âgé d'environ quatre-vingts ans, est décédé, muni des sacrements, le 28 janvier 1745, et a été enseveli le lendemain à la paroisse. » (Arch. comm., GG. 138, registre.)

ALEXANDRE DE LA ROSE.

Alexandre (fils de Jean-Baptiste, deuxième), né à Toulon en 1698, fut de bonne heure, en 1722, nommé sous-maître peintre entretenu, et obtint, la même année, des travaux de peinture mis en adjudication. Il était chargé d'enseigner le dessin aux élèves et apprentis peintres du port. En 1724, il alla à Rome, aux frais de la marine, pour se perfectionner. En 1738, il fut nommé maître peintre, place qu'il ne conserva que deux ans; il resta en sous-ordre après avoir été remplacé par Lhermitte, en 1740. Il fut mis à la retraite en 1745[1].

JOSEPH-ANTOINE DE LA ROSE.

Joseph-Antoine (fils cadet de Pascal) naquit à Toulon en 1701, et s'y maria en 1746. Il mourut dans cette ville en 1771. Des payements lui étaient faits en 1716, alors qu'il n'était qu'apprenti, pour des travaux de peinture exécutés dans le port. En 1738, il fut nommé « maître à dessiner » des gardes ou élèves de la marine, place qu'il occupait encore en 1747, aux appointements de 66 livres 13 sols par mois. En 1767, on le retrouve exerçant son art à Toulon. Il eut un fils du nom de Pierre. Joseph-Antoine et Alexandre De la Rose fréquentèrent Joseph Vernet, le célèbre peintre de marines, pendant son séjour à Toulon, où il vint en 1754.

[1] On voit au musée de Toulon un grand tableau de marine très-peuplé de navires et de personnages. Il porte l'inscription suivante : *De la Rose, fait à Toulon*. Ce tableau a pu être commencé par le premier Jean-Baptiste, mais bien certainement il a été terminé par un autre De la Rose.

LA

BASTIDE DE PIERRE PUGET

A OLLIOULES[1]

(TEXTE ET PLANS.)

L'auteur, en 1668, des plans grandioses de l'agrandissement et des embellissements de Marseille, et, à la même époque, de ceux non moins magnifiques de l'arsenal de Toulon et du mur de clôture du cap Cepet[2], après avoir fait élever, d'après ses dessins, et pour le compte de la marine, le superbe bâtiment de l'Étuve (1669), se fit construire, vers 1673, un bel hôtel en face de la maison de ville, qu'il avait illustrée, quatorze ans auparavant, par ses fameuses *Cariatides*.

Dans le même temps, il fit bâtir aux abords du riant village d'Ollioules, distant de 8 kilomètres de Toulon, une bastide ou maison de campagne sur un sol de jardin arrosable, appartenant à Jeanne

---

[1] Dans sa monographie sur Pierre Puget (in-16, 2ᵉ édition. — Paris, Didier et Cⁱᵉ, éditeurs), Léon Lagrange a publié l'inventaire des biens de l'illustre sculpteur, qui fut dressé après son premier testament en date du 11 septembre 1694, testament que révoqua un autre acte testamentaire fait le 29 novembre de la même année, trois jours avant sa mort, et enregistré le 28 décembre suivant. Dans cet inventaire, il est parlé d'une maison construite par Puget dans le jardin de Jeanne Jourdanis, femme de François Puget, son fils. Dans son livre, p. 294, Lagrange fait mention de ce jardin, situé à Ollioules, et avoue n'avoir pu retrouver son emplacement. Plus heureux que lui, nous avons découvert, guidé par les cadastres de cette localité, l'ancienne propriété rurale de la famille Puget. La maison est désignée sous le n° 666, dans le dernier plan cadastral (section A) qui remonte à 1829. C'est le 28 novembre 1885 que, en compagnie de M. Ferlin, conducteur des ponts et chaussées, alors en résidence à Ollioules, nous avons compulsé les registres cadastraux, dont le plus ancien date de 1692, année où Pierre Puget était encore en vie.

[2] Ce mur de défense devait être orné d'un ordre d'architecture.

Jourdanis, que son fils François venait d'épouser[1]. Ce ne fut qu'après avoir acquis, de ses propres deniers, trois autres jardins qui quadruplèrent la surface du premier, que Pierre Puget fit construire par Barrin, maître maçon d'Ollioules, ladite bastide, ou « maison propre au ménage », ainsi qu'il est dit dans un des cadastres de cette commune.

Contre son habitude, le grand artiste sut, dans cette circonstance, ployer son génie. Il se résigna à ne prendre pour règle que l'économie et l'utilité, sans exclusion, pourtant, de la solidité; à peine s'il toucha à l'art par les grandes lignes et la disposition des principales parties; en sorte que sa maison des champs est, à l'extérieur comme à l'intérieur, entièrement dépourvue du moindre ornement.

DESCRIPTION.

Le plan du bâtiment est un rectangle de 7^m,30 sur 5^m,50 de côté. Les murs ont 0^m,60 d'épaisseur à leur base[2].

La façade principale, en pignon et visant à l'est, mesure 7^m,30 de largeur et 8^m,50 de hauteur. Elle est, ainsi qu'au rez-de-chaussée, percée, aux deux étages, de trois baies. Toutes les fenêtres sont disposées symétriquement, excepté la porte s'ouvrant sur cette façade, qui n'est pas sur l'axe médian, à cause d'un mur de refend divisant en deux pièces ledit rez-de-chaussée, qui, en sous-sol, en contre-bas de 0,^{m}50 du terrain, a dû servir de cellier et de magasin.

Sur chacune des deux façades latérales, on voit, au rez-de-chaussée, vers l'extrémité est, une fenêtre ayant un peu plus de largeur que de hauteur, comme celles de la façade principale qui se trouvent au même niveau. Toutes ces fenêtres ont très-peu de hauteur à cause du plancher disposé très-bas, et sont destinées, surtout, à l'aération de cette partie de la maison, très-humide à cause du canal d'arrosage public qui est en contre-haut, et très-près de là.

A l'extrémité ouest de la façade latérale sud, on rencontre la porte d'entrée du premier étage, auquel on accède par un escalier

---

[1] Voy. planche I.
[2] Voy. planche II.

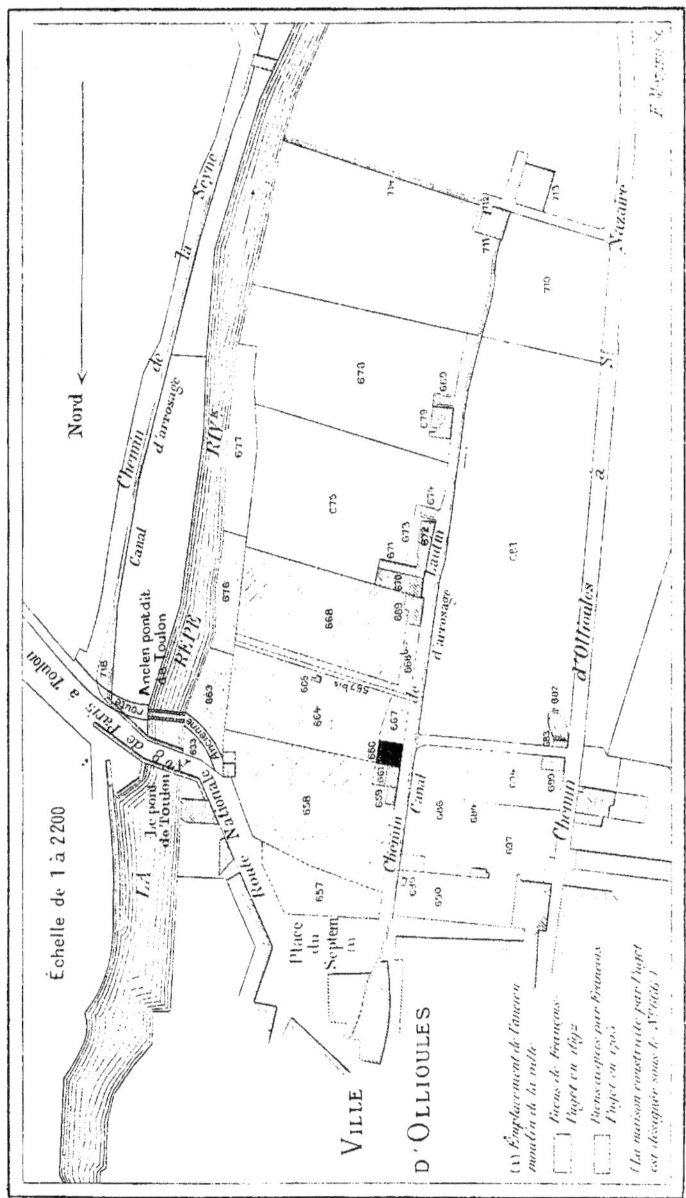

LA BASTIDE DE PUGET

EMPLACEMENT.

extérieur composé de dix marches seulement, chaque marche n'ayant environ que 15 centimètres en élévation. Sur la façade postérieure, qui se trouve sur le chemin de Lautin, existe une grande fenêtre qui servait à introduire le foin dans le grenier, situé au deuxième étage.

Au sud, se voit, attenante à la maison, une *régale* ou terrasse avec parapet surmonté de trois piliers en maçonnerie, destinés à supporter une treille. Cette terrasse, adossée contre le mur d'enceinte longeant le jardin à l'ouest, et dont la plate-forme est à 1^m,25 au-dessus du terrain, a 5^m,58 de longueur sur 2^m,00 de largeur, et l'on y parvient par l'escalier dont il vient d'être parlé. Cet escalier, assez large, a deux montées en retour d'équerre [1], et chaque montée est composée de quatre marches, dont une formant demi-palier ou repos. Deux autres marches, dont la supérieure sert de palier, sont disposées à l'angle de la terrasse où se trouve la porte donnant accès aux premier et deuxième étages. Au sud de la terrasse, il y a un puits.

L'extrémité de la couverture ou toit, formée de tuiles et de briques, et en saillie sur le pignon de la façade principale, ressemble aux deux corniches rampantes d'un fronton. Cette partie saillante du toit, à laquelle on a ajouté supérieurement une pente, se continue sur les autres faces du bâtiment, en s'arrondissant aux quatre angles. Ce n'est guère que dans cette partie de la toiture qu'on découvre une certaine recherche d'ornementation.

La bastide Puget, à part quelques modifications apportées dans la distribution intérieure, et la diminution, en hauteur, des fenêtres du premier étage, nous semble être restée telle qu'elle était lors de sa construction Les planchers ne paraissent pas avoir été refaits, et le crépi extérieur des murs est, croyons-nous, le crépi primitif. Quant à la cuve à vin, nous n'avons pas trouvé sa trace. L'ancienne porte d'entrée de la propriété ou jardin ayant appartenu à Jeanne Jourdanis existe encore et est située sur le chemin de Lautin. Elle a son encadrement en pierres d'appareil réglé, mais sans saillie, et l'arête de son plein cintre est biseautée.

Le jardin agrandi par Pierre Puget appartient actuellement à

---

[1] Depuis plusieurs années, on a déplacé la première montée ; ce que nous a appris le propriétaire actuel. La disposition primitive est celle qui se voit dans le plan.

M. Carvin, jardinier. Il confronte, à l'ouest, l'ancienne route d'Ollioules à Saint-Nazaire, ou chemin de Lautin; au nord, l'hôtel
Trotabas [1].

PREUVES

Extrait de l'inventaire des biens de Pierre Puget (1694).

« Suit l'inventaire sy devant du sieur Pierre Puget, dettes payées qu'il
incorpore dans ses biens, scavoir du jardin d'Olieules (Ollioules).

« Payé aux R. P. de l'Oratoire du mesme lieu, six cens livres, acte
riere Mᵉ Marthely, notaire du mesme lieu. A Mᵉ Collin, tailleur dabit du
mesme lieu d'Aulieule, mesme notaire [2]. A la vefve (veuve) Fournix, pour
mesme jardin, cent cinquante livres, quittance faicte Mᵉ Brémon notaire
à Toulon, à la halle [3]. Payé à Mᵉ Barin d'Aulieule, maître masson, pour
avoir fait un bastiment au même jardin, acte fait riere Mᵉ Gorely, notaire
à Tholon, pour le prix de sept cens livres de ses mains, avant de fermer
tous matériaux, ce quy sera estimé [4]. »

(Léon Lagrange, Pierre Puget, 2ᵉ édition, p. 317.)

Extrait du second testament de Pierre Puget (1694).

« Dadvantage ledit testateur lègue à demoiselles Paule et Magdeleine
Puget ses petites filles, filles dudit sieur François Puget, les deux mille
cinq cents livres, plus ou moins, que ledit testateur a de prendre sur

---

[1] Dans quelques années la bastide du grand sculpteur aura disparu. M. Carvin, son propriétaire actuel, est dans l'intention de la transformer, à l'extérieur
comme à l'intérieur. Il se propose de mettre les planchers et le toit au même
niveau que celui des planchers et du toit d'un bâtiment moderne qui est adjacent
à ladite bastide; en sorte que de cette habitation champêtre il ne restera rien.
Nous pensons qu'il serait possible de conserver intact l'extérieur de ce petit
édifice, rendu précieux par les souvenirs qu'il rappelle.

[2] Les minutes de Mᵉ Marthély, notaire à Ollioules, qui a fait les actes de vente
de ces deux jardins, n'existent plus.

[3] La minute de la quittance de cent cinquante livres faite, en décembre 1678,
par la veuve Fournix, « alors en possession de mari », chez Mᵉ Brémond, ne se
trouve pas dans le registre de cette année, dont les derniers feuillets manquent;
mais il en est fait mention dans le répertoire. (Chez Mᵉ Bertrand, notaire, successeur de Mᵉ Thouron.)

[4] Dans les minutes de Mᵉ Garelly (Mᵉ Brest, notaire, dernier successeur), qui
s'arrêtent à l'année 1675, nous n'avons pu découvrir la quittance de payement
des sept cents livres faite par Barrin, maître maçon.

Les différents documents qui sont tombés sous notre main nous permettent

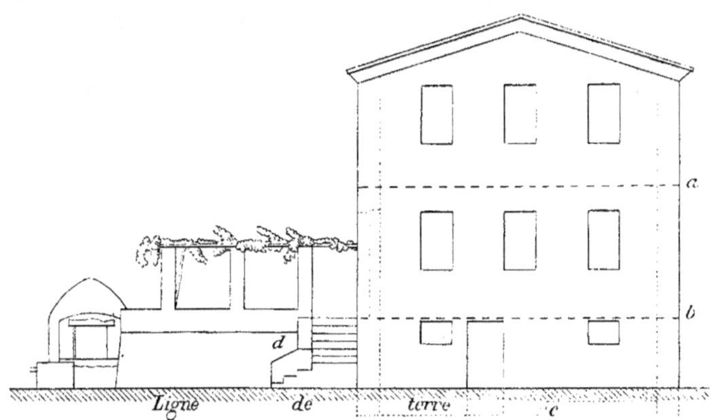

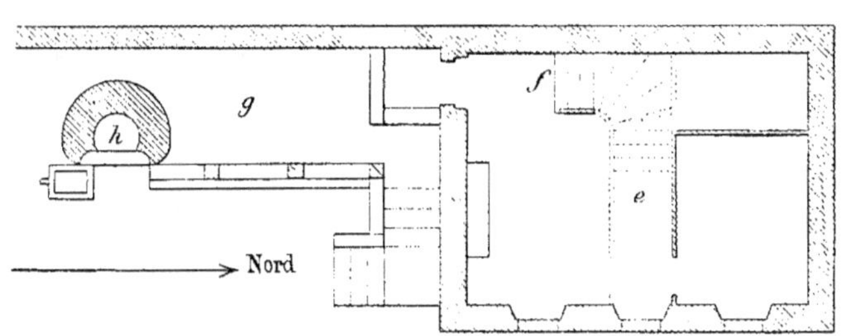

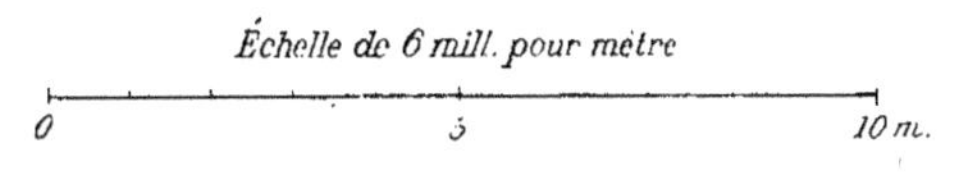

a   Niveau du sol du 2ᵉ étage
b   Niveau du sol du 1ᵉʳ étage
c   Niveau du sol du rez-de-chaussée
d   Niveau du sol de la régale ou terrasse
e   Premier étage
f   Escalier conduisant au 2ᵉ étage
g   Régale ou terrasse
h   Puits

Échelle de 6 mill. pour mètre

0   5   10 m.

LA BASTIDE DE PUGET

DÉTAILS.

l'héritage de deffunte Jane Jourdanis leur mère pour les avoir payées à sa descharge en acquittement de ses deptes passives pour affranchir le jardin d'icelle situé au teroir du lieu d'Ollieules, et pour réparation (agrandissement du jardin et construction de la bastide) qui ont été faites au mesme jardin, pour être ladite somme léguée auxdites demoiselles Puget payée par les hoirs de ladite dame Jourdanis au mariage d'icelles, et jusques alors elles en retireront les interest des hoirs de ladite dame Jourdanis à une cote proportionnée à ce qui rend ledit jardin sellon la liquidation qui en sera faite, lesquels interest seront payés annuellement et enfin de chacune année à compter de la mort dudit testateur. . . »

(Les signataires de ce testament sont :

P. Puget; Jacomo Mazety; F. Bernard;
F. Caravaque; L. Boyer; P. Feissolle;
Jean-Baptiste Falchou; G. Gameau;
Reynier.)

Enregistré au greffe 13, à Marseille, le 28 décembre 1694.

(Léon Lagrange, *Pierre Puget,* 2ᵉ édition, p. 321 et suivantes.)

Extrait des cadastres de la commune d'Ollioules (Var).

En 1692, François Puget possédait, à Ollioules, un jardin et sol de bastide; le cadastre de 1692 porte, en effet, au folio 297 :

« Les biens du Sr François Puget, de Marseille.

« Primo, tient led' Sr François Puget, un jardin et sol de bastide, au cartier de Lautin, confronte, du levant, pred des hoirs du Sr Honoré Vitalis; de midi, jardin des heoirs du Sr Joseph Martelli; de ponent, le chemin de Lautin; de trémontane, le mollin de la ville; estimée à livres petites septante deux. »

En 1705, François Puget acquit un terrain attenant au jardin désigné ci-dessus. Le même cadastre de 1692 porte, en réalité, au même folio 297 :

« Plus tient led' Sr Puget, sur le fort des hoirs de sieur Honoré Vitalis, un pred et figuière, situé au terroir de ce lieu, cartier du pont de Toulon; confronte, de levant, *la Rèpe* (petite rivière ou torrent), de midi, jardin de madame de Gouson [1]; de ponent, jardin dudit Sr Allio-rant [2], et, de trémontane, ledit pont de Toulon; qu'il a acquis desdits

---

d'avancer que François Puget épousa Jeanne Jourdanis au plus tard en 1670. Nous venons de voir que Barrin fut payé avant la fin de 1675.

[1] Madame de Gouson a remplacé J. Martelli ou ses hoirs.

[2] Ce jardin est au delà du chemin de Lautin et du canal d'arrosage.

hoirs, par acte notarié, estimée à livres petites six et demi, et charge, le dix-huit janvier 1705. »

En 1718, François Puget [1] possédait toujours les mêmes terrains, ainsi qu'il résulte du cadastre de cette époque, folio 202, où les deux biens ci-dessus sont réunis comme suit :

« Sr François Puget, sculpteur (*sic*) de Marseille [2].

« Primo, tient led[t] Sr François Puget, le sol d'une bastide, jardin arrosant, clos de murailles et arbres, au quartier de Lautin, confrontant, du levant, *la Reppe ;* du midi, madame de Gaussoin; du ponant, le chemin et valat de l'arrosage ; et, de trémontane, le grand moulin à huile de la communauté; alivré à soixante huit petites. »

Le cadastre de 1730 sépare encore les deux biens acquis successivement par François Puget, et les porte comme suit, au folio 158 :

« Les biens de monsieur François Puget, de Marseille.

« 1° Tient bastide, jardin attenant au village, arrosant, complanté d'orangers, arbres fruitiers, au quartier de Lautin ; confronte, du levant, son jardin restant; de midi, Sr Joseph Martelly; de couchant, le chemin ; de septentrion, le grand moulin; de 1392 cannes, coté 2233 livres, alivré petites septante quatre, un dixième [3].

« Plus, un jardin potager, au même quartier, séparé de son autre jardin par la muraille ; confronte, du levant et midi, la rivière ; de cou-

---

[1] François Puget étant mort en 1707, il faut lire « la famille de François Puget ».

[2] Nous espérions trouver l'acte de mariage de François Puget dans les registres de l'état civil d'Ollioules, ce qui, probablement, nous eût renseigné sur le lieu de sa naissance, jusqu'ici inconnu; mais nos recherches n'ont pas abouti. Nous n'avons pas été plus heureux à Toulon, où la collection de ces registres n'est complète qu'à partir de 1673. En désespoir de cause, nous avons fait prendre des renseignements à la mairie du Revest, où, en 1648, un Puget était intendant de la *Poudrerie* appartenant à la ville de Toulon, et il nous a été répondu que les archives de cette époque n'existent plus.

Pierre Puget s'étant marié à Toulon le 8 août 1647 (arch. comm., série GG, registre des mariages de 1647 à 1667), son fils a pu naître l'année suivante. Ce dernier dut se marier en 1670. Jeanne Jourdanis, qu'il épousa, figure comme témoin dans deux actes de baptême de l'état civil d'Ollioules (1668-1669), sous la signature Jeanne Jourdanis. On trouve dans le registre de l'année 1671, p. 163, de la paroisse Sainte-Marie de Toulon : François Puget, « fils de François », est décédé en âge d'innocence le 10 juillet 1671, etc.

[3] Bastide construite par Pierre Puget, dans le jardin qu'il avait agrandi en achetant de ses deniers trois autres jardins situés au nord et au sud du premier, et dont la surface totale était, en 1692, de 5,741 mètres carrés.

chant, son grand jardin ; de septentrion, le pont allant à Toulon ; de 135 cannes, coté 135 livres, alivré petites 4 et demi [1]. »

Ce cadastre porte, sur la marge du folio 158 : « Vendu à Joseph-Emeric, le jardin ci-contre et au-dessous sur son fort. »

Le cadastre suivant est de 1790. Donc, les biens de Puget furent vendus, par sa famille, dans l'intervalle de 1730 à 1790.

Ce cadastre de 1790 porte, en effet, sur le compte de Joseph Emery, n° 34, section F des cotes du Plan, les biens que possédait antérieurement Puget. Voici l'indication donnée par ce registre :

« Joseph Emery, jardinier ; confronte, du levant, le lit de la rivière ; du midy, Lardier ; du couchant, M Martelly, et, du septentrion, le Septem.

« Un jardin, partie en pré, oranger, arbres fruitiers et muriers ; une maison propre au ménage ; une cuve vinaire sans étage ; 2 loges à cochon et un régal. 150 cannes, tout en jardin. »

Le cadastre qui vient après est de 1829. C'est le dernier qui ait été fait. Sur ce cadastre, les biens que possédait Puget sont désignés comme suit :

BIENS POSSÉDÉS PAR PUGET, EN 1692.

Section A.	Surface.		
N° 657	5ᵃ70	Sol d'auberge.	Trotabas, Joseph-Hipolyte, aubergiste.
658	17,60	Jardin.	Emeric, Jean-Joseph, jardinier.
659	0,11	Sol de maison.	Id.
660	0,25	Id.	Id.
661	0,21	Treillar.	Id.
662	0,18	Maison.	Id.
664	13,10	Jardin.	Emeric, hoirs de Laurent, jardinier.
665	0,06	Maison.	Id.
666	0,54	Id.	Id.
667	1,00	Jardin.	Id.
667 bis.	0,78	Id.	Benoît, J. J., propriétaire à Toulon.
668	15,50	Id.	Id.
668 bis.	2,00	Id.	Id.
669	0,38	Maison.	Id.
	57ᵃ41		

[1] Jardin à l'est du précédent et confrontant la rivière, acquis, en 1705, par François Puget, et dont la contenance, d'après le cadastre de 1829, est de 720 mètres.

BIENS ACQUIS PAR FRANÇOIS PUGET, EN 1705.

Section A.	Surface.		
N° 663	4ᵃ40	Jardin [1].	Émeric, Pierre, dit Testasse.
676	2,80	Id.	Benoît, J. J., propriétaire à Toulon.
	7ᵃ20		

Les biens de Puget avaient donc en surface :

1° Acquis avant 1692.	57 ares, 41	64 ares, 61
2° Acquis en 1705	7 » 20	ou
		6.461 mètres quarrés.

[1] La surface de la parcelle 663, réellement acquise par F. Puget, était seulement de 3ᵃ,40 environ. L'augmentation de surface de cette parcelle tient à la rectification de la route nationale, qui a eu pour résultat d'avancer le pont de la Reppe vers le nord, et d'étendre ainsi la parcelle 663.

Le Grand-Moulin de la commune, dont il est parlé dans les confronts des biens de Puget, a dû être démoli de 1730 à 1790, puisque à cette dernière date ledit moulin est remplacé par le Septem, nom de la place actuelle.

L'hôtel Trotabas, sur la parcelle 657, a dû être construit peu avant 1829.

La maison de Puget est désignée sous le n° 666, dans le plan cadastral de 1829.

PARIS. — TYPOGRAPHIE DE E. PLON, NOURRIT ET Cⁱᵉ, RUE GARANCIÈRE, 8.